PATCHWORK POETRY

Lina Wellisch

PATCHWORK POETRY

Gemischte Gedichte in Deutsch
und Englisch

Bibliographische Information der Deutschen Nationalbibliothek
Die Deutsche Nationalbibliothek verzeichnet diese Publikation in der
Deutschen Nationalbibliographie: detaillierte bibliographische Daten
sind im Internet über http://dnb.d-nb.de abrufbar.

2015 LINA WELLISCH
Herstellung und Verlag:
BoD –Books on Demand, Norderstedt
ISBN 978378657234

Deutsche Gedichte

WORTE

Die Worte treiben in mir dahin,
wie Boote-
vom Ufer des Wissens,
zum Ufer des Seins unterwegs…

Die Worte strömen in mir,
wie Regen-
Wahrheit ertrinkt,
in dunklen Gewässern,

im Strom des Bewusstseins.

Plätschernde Tage

Die Tage
plätscherten dahin,
im Regen;
die Tage erstrahlten,
im Sonnenlicht-

„Folg ich,
der silbernen Spur,
der Schnecke, im Mondlicht",
dachte der Traum
„führt sie vielleicht
bis in ein anderes Herz."

Aber dann
riss die silberne Schnur
und der Traum,
der in einer Schnecke reiste,
kam nie an.

Mein Urmisstrauen

Mein Urmisstrauen ist erwacht
und lauert-

„Trau keinem Menschen",
flüstert es
„und liebe keinen;
und glaube keinem Gefühl."

„Ich hab dich lieb",
sagt er zu mir
„Ich hab dich auch lieb",
sage ich-

Und es ist nicht wahr;
-nicht in diesem Augenblick-

Und ich sage es trotzdem;
wie um
die Liebe zu beschwören.

Unendlich weit

Unendlich weit nach außen,
irgendwo im Raum,
bist du ein Stern.

Unendlich weit nach innen,
irgendwo in mir,
bist du ein Kern;

von einer Saat,
die kam
von diesem Stern-

so nah-
und so fern.

DAS FEUER IN MIR BRENNT NIEDER

Das Feuer in mir brennt nieder,
mein Bewusstsein ist leer und leicht;
die Erinnerung rauchfarben,
schattenfarben mit Goldpunkten;
wolkenfarben mit durchbrechenden
Lichtspuren.

Die Spuren, die wir hinterlassen-
Der Ton, der noch schwingt-
Die Farbe, die wir suchen-
und finden, auf dem Weg zurück-

Die Klarheit,
die uns überfällt,
wenn die Wirklichkeit anfängt,
Sprünge zu bekommen-

Lichtäderchen,
die die Vergangenheit durchzieh´n
und weiterspringen-
Verlorene Lieder,
die immer noch klingen-
Verlorene Kinder,
die immer noch singen-
Verlorener Vögel
goldene Schwingen-

verloren-gefunden
verloren-verschwunden

Wenn ich erwache

Wenn ich erwache,
bin ich so meilenweit
von mir entfernt-

so ohne Zentrum
und verwickelt-
in wirrem Empfinden gefangen-

Und doch weiß ich,
es wäre alles gut,
wenn ich mich nur erkennen
könnte;

mein Gesicht,
unter den vielen,
im Spiegel.

16

Unterm Schnee

Der Wind berührte
die schwarzen Bäume
und fror;
dann kam der große Schnee-

Unter dem Schnee,
wucherten wild die Gedanken
und träumten sich müde-

Ein entlaufener Wunsch,
rannte zwischen Tag und Nacht
um sein Leben…

Der Wunsch berührte den Traum
und erschrak-
Dann erschlug die Wirklichkeit
beide.

Stillleben auf einem braunen Tisch

Die eine Uhr sah die andere fragend an,
dann stritten sie sich,
um die richtige Uhrzeit.

Der Apfel, führte mit dem Lapislazuli
ein blau-rotes Gespräch,
aus dem doch kein Violett wurde-

Zwei Orangen
sahen sich ähnlich
und es war ihnen egal-

Eine Schere und ein Messer,
zeigten mit ihren Spitzen aufeinander
und fanden das unhöflich-

Ein Fläschchen Tipp-ex,
hatte sich mit einem Fläschchen Duft-Öl
angefreundet
und sie tauschten Erfahrungen aus.

Eine Blechdose,
war bis auf den letzten Stehplatz
voll mit Stiften.
„Also hier hat keiner mehr Platz!"
seufzte der Größte unter ihnen-

„Wir bleiben nicht hier",
sagten ein paar Filmrollen,
die gelangweilt
aus einer schwarz-weiß-roten
Kalenderdose sahen.

Ein Pappteller fand es unpassend,
auf einem Spiegel zu sehen,
in dem sich eine Feder neugierig ansah-

Zwei Bierkapseln stritten darum,
welche von der ersten Bierflasche sei
und sie konnten sich nicht einigen-

Eine angebrochene Packung Taschentücher,
schielte besorgt nach dem Tintenglas-
„Du siehst nach Arbeit aus!" dachte sie.

Die große Kerze fragte die kleine,
fast abgebrannte,
von oben herab
„Warum bist denn du so klein?"

„Warte nur", war die Antwort
„du bist hier neu,
aber du kommst mir von Stunde zu Stunde
näher."

WENN

Wenn es noch
eine Stunde gibt,
die uns gehört,
will ich sie nicht
versäumen-

Und wenn uns noch
ein Traum gehört,
will ich ihn
bis ans Ende
träumen…

ERWACHEN

Was wir für Liebe halten,
ist oft nur ein Traum,
in den Farben unserer
Wünsche-

Und das Erwachen ist grausam,
wenn wir uns ohne Flügel finden
und auf der Erde aufschlagen.

Abendstimmung

In Nordkarelien
auf der Huskyfarm Eräkeskus

Sachte sinkt Oktobersonne
In den dunkelblauen See-
Und ein Husky träumt von Kälte
Und von dichtem, weißen Schnee.

Sonnenlicht flutet herüber,
über den ganzen See-
bis dorthin, wo ich geblendet,
an dem ander´n Ufer steh´.

Jeder Baum, ein Pfeil nach oben,
der mir den klaren Himmel zeigt-
bevor sanft das Licht entschwindet
und der See dann gläsern schweigt.

Es wird Nacht, doch ich verweile,
an dem jetzt silberweißen See-
und der Husky träumt noch immer,
von dem großen, weißen Schnee.

ETWAS TIEF IN MIR

Etwas tief in mir,
betet diese Sonne an;

etwas tief in mir,
steigt zu ihrem Licht hinan;

etwas tief in mir,
schmilzt in ihrer Wärme
ganz;

etwas tief in mir,
öffnet sich zum
Sonnentanz.

Der Sturm

Der Sturm fegt über die Dächer
und entreißt mir Gefühle;
zerreißt sie vor meinen Augen
und treibt sie davon.

Wenn der Morgen kommt,
gibt es keine Wahrheit mehr,
die noch gilt,
aber mein Herz ist frei.

Ich fürchte,
dass der Schmetterling in mir
nass werden könnte;
nass werden und sterben;

an einem zu kalten
Regen;
an einem zu feuchten
Kuss.

Dass das Gefühl einer Nacht,
den Schlaf nicht überlebt
und davonfliegt mit den Vögeln,
im Morgengrauen.

Der Neumond verrät,
was der Vollmond geweckt,
an Gefühlen;
schwarz tötet nachtblau;

in mir schlägt ein Vogel,
verzweifelt mit den Flügeln;
ein eisblauer Gedanke
sagt mir,

dass ein Kuss ertrinken kann,
in einer Suppenschüssel
und eine Berührung ersticken,
an einer Zigarette.

DER WIND RAUSCHT

Der Wind rauscht,
der Baum tauscht
seinen Atem mit mir;

der Wind
in den Zweigen,
in den Haaren;

keimende Hoffnung,
im Frühling,
die wieder versinkt;

die in mir ertrinkt,
in den Wassern
der Zeit.

Etwas in mir,
glaubt immer noch Dinge,
an die ich nicht mehr glauben
kann;

etwas in mir
stirbt leise,
stirbt laut;

ist lang schon gestorben
und stirbt
immer wieder;

wie Lieder,
vergessen schon,
von denen Zeilen ins
Bewusstsein dringen;

in ihren Tönen,
ein Nachhall von Empfinden,
ein Finden, einen Augenblick
lang.

Der Wind rauscht,
der Baum tauscht
seinen Atem mit mir;

der Wind,
in den Zweigen,
in den Haaren;

etwas in mir,
stirbt leise, stirbt laut;
wird versinken,
mit den Jahren.

ÜBER DIE WARAO-INDIANER AM ORINOKO-DELTA

Auf ihren Booten sorgten,
der Orinoko und sein Delta einst für
sie;
sie hatten Fische, Früchte,
Kräutermedizin
und vieles mehr-
und das, was sie nicht hatten,
brauchten sie auch nie.

Doch heute sitzen sie, zivilisiert
bekleidet,
in primitivsten Hütten
und ihre weißen Freunde
kümmern sich um sie;

weil sie so arm sind
und nicht haben,
was sie brauchen-
und ohne unsre Hilfe,
schaffen sie es nie.

Doch alle,
die zu spät erfassen,
wohin die Reise geht,
bestraft der Fortschritt,
mit dem wir sie locken;
denn sie erhalten
und das unabhängig von der Rasse
-da ja die guten Plätze längst
vergeben sind-
Zivilisation allerletzter Klasse.

Auf ihren Booten,
war einst
das Paradies für sie-

sie hatten alles,
was sie brauchten-
was sie nicht hatten,
brauchten sie doch nie.

Wortspiegelungen

TOR- ROT
REIZ-ZIER
TON-NOT

RELATIV-VITALER
REGEL-LEGER

LIEB-BEIL
GRAS- SARG
EIN-NIE
LEBEN-NEBEL

DAS GANZE LEBEN LANG

Das ganze Leben lang,
sagte er,
wie hoch wir auch steigen,
was wir auch immer erreichen
(oder auch nicht),
sind wir doch letztlich
im Grunde die Gleichen.

Das ganze Leben lang,
sagte sie,
wie tief wir auch fallen,
wie sinnlos auch scheint,
was uns so alles widerfährt;
es kommt ein Tag,
an dem sich alles klärt.

Das ganze Leben lang,
sagte er,
was wir auch tun,
oder unterlassen,
sind wir doch immer
auf der Flucht.

Ja,
sagte sie
und wir tragen
den Tod in uns,
wie eine unreife Frucht.

ER und SIE

Er sah sie klein und gläubig an.
Klein,
wie er war,
klein und des Staunens nicht fähig.

Sie blickte schmal zurück;
schmal,
hinter herabgelassenen Jalousien.
Schmal, wie sie war
und unfähig,
die Augenlieder hochzuziehen.

Er bildete sich ein,
durch geschlossene Augenlider
sehen zu können
und sie glaubte ihm nicht.

Er staunte sie an
-heimlich-
Sie war so anders als früher.

Sie aß eine Birne
und verdoppelte sich.

Sie genoss das Staunen,
in seinen erstmals
weit aufgerissenen Augen,
als er sie so doppelt sah.

Er war so unverlässlich,
dass sie sich nicht einmal
auf seine Unverlässlichkeit
verlassen konnte.

Sie überlegte kurz-
Dann streckte sie
zwei Finger nach ihm aus;
die ganze Hand, wäre zu viel gewesen.

Er- unschlüssig,
welchen der beiden Finger
er ergreifen sollte,
drehte seine Hand verlegen hin und her;

dann traf er seine Wahl
und stülpte ihr den Fingerhut über.
(Meissner Porzellan)

So kam der Finger unter die Haube.
Mehr wäre ihr zu viel gewesen.

Rückflug

Die Sonne geht seit einer
Stunde unter
und der Mond geht auf.
Als träumte schlafend sich
ein Regenbogen,
bis hinter meine Augenlider,
formen am Horizont gigantisch,
sich neue Farben immer wieder.

Sieh nur! Das and´re Flugzeug,
fliegt scheinbar seitlich durch
den Mond;
schneidet ihn kurz entzwei-
oben und unten,
immer mehr Lichter-
und bald ist der Flug vorbei.

Während wir sinken,
sinkt mit uns der Mond,
der auf der Erde ja
noch gar nicht aufgegangen-
und wir und er,
sind vor und hinter,
dem Lichterglanz der Stadt
gefangen.

Die Landung dann,
so hart, wie lang schon nicht-
Ich steige schwankend aus;
den dunklen Abend im Gesicht,
berührt mich kühl die Luft-
und durch die Sinne geistert
plötzlich wieder,
der zarte Duft,
einer vergessenen Rose.

Regentropfen malen leise
eine Unzahl'
grauer Sterne auf das Pflaster
eine Tränenmelodie der Wolken
nur die Sonne kann sie trocknen

ENGLISH POEMS

Somewhere

Somewhere
Out there
You are
A star

Somewhere
Inside of me
You are
A tree

Grown from a seed
That came
Right from
That very star

So close
And yet
So far

Under the vail of the night

Under the vail
Of the night,
All blossoms are black,
And all eyes are dark,
And all men are alike;

Until morning comes
To unvail the night.
That´s when they start to be
A hundred different shades
And shapes
In the light.

Only their shadows
Are black
And alike.

Quit floating

Quit floating!
Break through the water level
Now!
Since you can´t stay
Turn up!

Close is the light of this world-
You´ll be earth´s youngest child
In the moment of birth-
You´re a star just rising-
And a sun yet set-

Another world just lost you.

Afraid

She was afraid
To say,
She loved him-
As if the magic spell of love
Might break,
By speaking so out loud;

As if her feelings
Like a bunch of birds,
Could fly away-
Startled,
By the sound of her voice.

A Friend Lost

I would have lit
A thousand candles in the
snow,
If I had known,
My loved one passed away
-Four years ago,
Already-

Searching the net for him,
Time and again,
I always treasured,
The unique fun and bliss
We shared,
So many years ago;
And that one special kiss-

And all that love,
We never dared
To hold;
And all that light
That shone,
In unknown colours
Never seen again-

It´s hard to know
You are forever gone-
My world will never be
As whole, as once ago-
Too much I miss-

We shared
A special sunrise
In the midst of winter

We shared a special kiss
That lasted endless
In the snow-

That kiss,
Unfolding slowly
Like a perfect butterfly
Born at the wrong time-

Now I can only free
My love
And let it flow-

Forever
Our special kiss,
Is like a love-print
Frozen in the snow.

Elegy for a tree

I feel like I´m
An age-old tree,
That grows
Inside of me;

I dreamed about
A purple sun,
That crushed
Into that tree;

I feel like I´m
An ancient god,
Dying inside of me,

And then I saw
A deep blue moon
Rising out of the sea;

I feel I hear
Creation´s wind
Crying inside of me,

But yet I am
An ancient god,
That fell,
Just like a tree.

About my mother

The day
My mother passed away
She looked just
Like an ancient stone-
She died-
And I felt very much alone.

She´d been a sculptor
And she wasn´t old-
And suddenly she looked
Just like her statues-
Perfect -and so cold-
And at a grey distance
That commanded respect-

And I watched seriousely

And silent-
And felt a remnant
Of this perfect
Work of art,
Death had performed;
Mysteriously giving
My mother
The appearance
Of a statue,
That I prepared a temple
In my heart-

My mother´s grave
Will always
Be hidden
Deep inside of me
In a secret, sacred place
Where only I
Can find it.

I still don´t know

I still don´t know
Who you are to me
But I sure know
That you can set me free

Inside of me
Is paradise
But the key is lost
And you should try
To get inside
Whatever it might cost

Inside my heart
Are songs to sing
Waiting to be composed
And you should try
To let them out
Because this heart is closed

Some day I´ll write you
love songs
And that day will soon be here
Inside of me a garden grows
And paradise is near.

I still don´t know
Who you are to me
But I sure know
That you could set me free.

Flying dream

Out on a treetop high
There came a dream to fly

Riding on fluffy wings
Hanging on frozen stings-

Gliding through ice and snow
Searching a way to go

On golden wings so proud
On silver sounds so loud

Searching a passway- cloud
From sky to heaven.

Her feelings

He didn´t know
Wherefrom they came
And maybe
It was all the same
Her feelings
Just one day were there…

And they were vivid
Full of joy and hope
And started growing
As a plant grows…

And they developed
Until at a certain point
They grew too big
For such a little pot…

And since they didn´t get
A bigger pot,
They gradually died-
And he, who´d raised them
And who had designed the pot,
Just watched them die
And then he cried a lot.

Lost

Seems I´ve lost my direction,
In the straight streets
Of life´s daily activities
And I can´t find my way out;

Seems the more I´ve loved
The less I was in luck-
Close to my loved ones
But far away from me-

What could I find out there
That hasn´t been inside of me
Already,
In moonlit nights,
So long ago?

I do believe in trees,
Because they still
Exchange their breath with me-

There tends to be
A little space of nothing,
Between the things that are-
It´s big enough for me to live in.

OLD LADY BLUE

Old lady blue,
Walking the streets
Of your home town-

All your belongings
Inside a few plastic bags
You carry away your life.

Rain cleaning your face,
Washing away your disgrace;
It´s a blessing,
You´re out of your mind-

Old lady blue
Walking the streets
Of your hometown-

Sun warming your face,
Soothing your hurt and disgrace;
It´s a blessing,
You´re out of your mind-

Life has moved on-
And left you far behind.

OPEN UP

Open up your face,
I want to know,
What is
Behind that shell;

Open up your mind-
I want to know your thoughts
Right now,
And then forget them;

Open up your heart-
Make it an ocean,
To float in-
Let bound emotions free
Tonight.

Open the door of desire,
I long to breathe
The rhythm of transformation.

I want to create-
Create the world anew,
Inside of me.

Love song

On the sea of passion,
Wind blows;
In the field of summer,
Love grows;
Let my thoughts be silent,
Let them sleep;
Don´t drown in my feelings-
They are deep.

I try to catch
The falling rain,
Yet my heart stays dry-
I´d like to trade
My mind for peace,
Yet my thoughts fly by.

On the sea of passion,
Wind blows;
In the field of summer,
Love grows
Let my thoughts be silent,
Let them sleep;
Don´t drown in my feelings-
They are deep.

I dig up the ground
For words to say,
Yet I just find a stone;
My magic stone
Has called your love,
Yet I am still alone-

On the sea of passion,
Wind blows;
In the field of summer,
Love grows;
Let my thoughts be silent,
Let them sleep;
Don´t drown in my feelings-
They are deep.

Your feelings sink inside me,
Like the falling rain;
When will the seeds of love
Break through-
When will I love again?

On the sea of passion,
Wind blows;
In the field of summer,
Love grows;
Let my thoughts be silent,
Let them sleep;
Don´t drown in my feelings-
They are deep.

VISION

I´ve seen you
In the woods,
Behind a tree-
Looking like
A swirling spirit
Of nature;

I´ve seen you
In the sky,
Behind a cloud-
Looking like
A fading angel
In blue

I´ve seen you
In his eyes
On that one day-
Looking like
A golden reflection
Of love

Fairy in blue,
You´re enchanting me-
Angel of love,
Decend upon me-
Let your presence,
Set my spirit free-

Spirit of love,
Stay with me.

Mia in the clouds

Riding
A pass-way cloud
From heaven
To the sky

She peacefully
Decends
To where we are

And in her heart
She treasures
The secret memories
Of her very star

She spreads
Her wings
And they proof safe
To fly

To where we are
Just underneath
The sky

And in my heart
I treasure
The day
She spoke to me

The day she said
That I could fly
Using her wings
The very day I die.

Old doll meets new bear under the Christmas tree

"I wish I was that teddy-bear,
Under the Christmas tree,
For if I was that teddy bear,
All children would love me",

Said the old and broken doll
"All children would love me."

"I wish I was that teddy-bear,
So fluffy, nice and new;
I´d be so proud to wear this suit,
That comes in white and blue."

But when the children´s first love´s
gone,
They´ll sit him on a shelf-
After being loved so much,
He can enjoy himself."

Said the old and broken doll
"He can enjoy himself."

"I too was loved, when I was new,
Under the Christmas tree,
But maybe, as the years go by,
He´ll fall in love with me."

Said the old and broken doll,
"Maybe, as the years go by,
He´ll fall in love with me."

The money-makers

It´s strange to me,
How they arrange
Their total live
In terms of money-

It´s funny,
How to them,
The world is but a toy
To buy and sell-

But I can tell
That they feel lost-
They feel the frost,
Creeping inside their brittle
Values,
Leaving them emptier each day-

Stuck,
In their little, private hell,
Their life by now
Is but a wasted toy-
They´ve so much money-
Yet so little joy-

And they are always
On the run,
To make more money-
Yet it brings them
Little fun.

Questions

If I should lose myself
Inside of you,
Do you think,
You´d ever find me?

How often
Can a person be devided
And still stay whole?

And does questioning the sense
of life
Make any sense at all?
Or will it rather make us blue?

Well, I don´t know,
But I sure wish
I knew.

Time fading away

Sometimes I feel,
Like I have died-
Silently
Time fades away;

Those people
In the crowd,
Politely trying
To overlook facts
Yet so obvious,

Choose
For their mass existence,
A gentle air of personality,
But not too much,
As not to blast the mould-

Life makes men shallow,
Yet false fronts stand firm;
They are what counts-
But why?

Silently,
My life so different,
Is crumbling down
To dust

Be rich or poor

Be rich or poor,
Be black or white,
Be old or young,
You are just right

What counts, is what
You´ve got inside-

And I don´t mean,
The facts you know-
And I don´t mean,
The fronts you show-

I mean your wisdom

Let your spirit float,
Up in the blue mosque;
Let your spirit float,
High in a tree;

Just catch
The falling star-
Life is forever,
Where you are.

INHALTSVERZEICHNIS

DEUTSCHE GEDICHTE

ENGLISH POEMS